RUMAN

Ferhenga Kurdî Ya Wênedar

(Kurmancî)

Kürtçe Resimli Sözlük

Daner: Macîda Alhoranî
Wênesazî: Ebd Allah Qwarîq
Werger û lêveger: Muhemed Keleş
Dîzayn: Asim Nasir

Çapa yekem 2020

Ferhenga Kurdî Ya Wênedar
(Kurmancî)

Hemû mafên çapkirinê ji dezgeha Ruman re parastî ne.

Bêyî destûrxwestina ji dezgeha Ruman, bi ti awayî çênabe ku mirov ji evê ferhengê kopîkirin, wergerandin yan jî veguhestinê bike.

KURDISH PICTURE DICTIONARY

Copyright © RumanLLC 2020 All rights reserved without limiting the rights reserved above, no part of this publication may be reproduced, stored in or introduced into a retrieval system, or transmitted, in any form, or by any means (electronic, mechanical, photocopying, recording, or otherwise), without the prior written permission of both the copyright owner.

ISBN 978-1-7349251-1-1

جميع الحقوق محفوظة لشركة رمان

لا يجوز طباعة أو ترجمة أو نقل أي أجزاء منه بأي شكل من الأشكال إلا بإذن خطي مسبق من الناشر

الطبعة الأولى 2020

Publisher: Ruman LLC
E-mail: rumanllc@gmail.com
Website: www.ruman-llc.com

Pêşgotin

Hin agahî derbarê ferhenga wênedar a Ruman a Kurdî. Fêrkirina bêjeyên zimanekî di rêya wêneyan re hatiye çespandin û aşkartin ku rêbazeke girîng e ji bo ezberkirina peyvine nû, lewra Ruman evan ferhengên wênedar bikar tîne. Ev ferheng nola yekem ferhenga kurdî(kurmancî) ye ku vê şêwazê bikar tîne.

Ferhenga Kurdî ya wênedar ji bîst posterên balkêş û ciwan pêk tê. Anku babetên ciyawaz, ên ku têkildarîya wan bi jiyana rojane re hene, wan mijaran di nava xwe de dihewîne û wan dike armanc xwe. Her posterek di hindirê xwe de nêzîkî 35 navan û ji 5 ta 10 lêkeran vedihewîne û her peyvek ji wan peyvan bi nîgareke cihêreng tê zelalkirin û pêşkêşkirin. Ev taybetmendî aşopî û asoyeke berfireh dide hemû peyvan bêy ku pêwîstîya wan bi wergerê hebe. Ferhenga Kurdî ya wênedar, rengîn û pirr dîtbar ji 1550 bêjeyên zimanê kurdî pêk tê, herwiha ew ji bo destpêkeran hatiye amadekirin.

Ev posterên han balê dikişînin ser dîmenên ku ji zarokan ve naskirî û li ber çavên wan in. Mîna jiyana li malê, li dibistanê, jiyana li bajarî, form û dirûvên bingehîn, dijwateyên peyvan, û miqatebûna li ajelan. Çaxê ku ya/yê xwendekar evan wêne û dîmenan dibîne, pê re hûrbînîyên wêne û dîmenên rasteqîne yên ku di jiyanê de hene tên ber çavên wê/wî û herdu bi hevûdu re wêneyeke hevbeş di mejîyê xwendekarê/î de saz dikin, wê demê her tişt li ber çanên wê/wî dibe rastîyeke negumanbar, ji ber hindê rama û bîra wê/wî xurttir dibe. Wekî din jî, seranserê vê ferhengê ferheng xwedan kesayetîyên sereke ye ku di nava ferhengê de û di rêya wêneyan re tên şopandin û di ber çavan re tên derbaskirin, ev yek dihêle ku xwîner bi wan kesan ve bê girêdan. Ev ferheng bi jiyana civakî ve hevpar e. Mebesta wê gihandina peyameke erênî ye û bi mafên zarokan, pirr nijadî, neteweyên ciyawaz, întegrasiyona zarokên kêmendam, parastina lawiran û wekhevîya jin û mêr ve peywendîdar e. Ruman di wê baweriyê de ye ku pirrengî û ew têvelîya ku di nava mirovan de heye, bingeha çand û civakî ye, ev nameya Ruman e ya ku em dixwazin bi zarokên xwe bidin hînkirin. Armanca pêşîn ji ferhenga Kurdî ya wênedar ew ku ew bibe çavkanîyek ji bo fêrgehan û piştgir ji şagirtên seretayî re, ji bo ku ew dikaribin peyvên xwe berfirehtir û xurttir bikin. Herwisa ew dikare bibe mîna jêdereke fêrbûnê ji bo mirovan li malê û bête bikaranîn. Hem jî bi her ferhengekê re komeke kartên perwedeyê hatiye amadekirin, ev komekart bo bêşveçûna pêvajoya fêrkirinê li cem zarokan hatine sazkirin, ev awa dihêle ku fêrbûn û fêrkirin bikelecan û çoş be li cem zarokan.

Naverok

alfabe 6

Malbat 8

Pol 10

Dibistan 12

Lêkerên Rojane 14

Mêwe û Sebze 16

Peyvên Xwarinê 18

Laş û Serûçav 20

Hest 22

Cilûberg 24

Mal 26

Pêjxane û Baxçe 28

Arezû	30
Pîşe	32
Keşûba û Demsal	34
Veguhastin	36
Bajar-Şar	38
Çewlik	40
Ajelên Kovî	42
Dijwate	44
Hejmar	46
Kat û Dem	48
Reng û Dirûv	50
Cejna Newrozê	52

Alfabe

Tîpên kurdî û li hemberî wan ên erebî, tirkî û farisî

Dara Malbatê

Pol

 demjimêra dîwarî

 hejmar

 alfabe

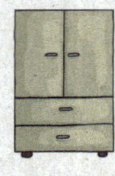 dolab

 ekr

 xwendekar-qutabî

 rastkêş

 kaxez

 ref

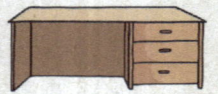 maseya xwendinê

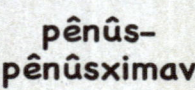 pênûs-pênûsximav

 pênûszirîç

 rojên hefteyê

 çente

 mase

 cewî-Sirêş

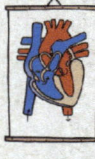 wêne

 lênûs

 pirtûkxane
 pênûstiraş
 jêbir
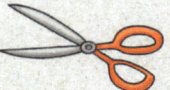 cawbir
 pênûsdank
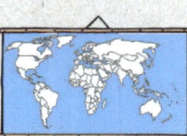 nexşe

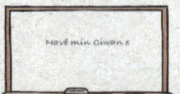 mamoste
 dep-texte
 pirtûk
 reng
 dîwar
 kompiyuter

lîstok

 çîrok
 dosye
 kursîya bidestek
 kursî-rûniştok
 zembîla gemarê
 pencere

11

Dibistan

pola zimanî

pola erdnîgarî û dîrokê

odeya perestarê

pola werzîşê

pola bîrkarîyê

pola zanistê

pirtûkxane

şano

pola muzîkê

pola hunerê

odeya kumpiyuterê

Bernameya hefteyê

texteya agahdarîyan

rêya meşê

 nivîsgeha birêveberî

 kafêtêriya

 dolabên xwendekaran

 ezmûngeh-taqîgeh

 rawestgeh

 kesûkar-xwedî

 xwarinçêker-aşpêj

 vexwaringeh

 birêveber

 perestar

 rûniştek

 otobûsa dibistanê

 listokên derveyî

 avdestxane

13

Lêkerên Rojane

Ez ji xewê hişyar dibim

Ez didim ser hev

Ez diranê xwe firçe dikim

Ez dişom

Ez siwar dibim

Ew diajo

Ew li bendê ye

Ez diçim

Ew vedike

Ew dibirre

Ew dibeze

Ew firavînê dixwe

Ew dilîze

Ez rêş dikim-dimalim

Ez serê xwe dişom

Ez şîvê dixwim

Mêwe û Sebze

 fasûlî

 xirtik-dolmik

 sîr

 brokolî

 îsot-bîber

 arû-xiyar

 leymûn

 kartol-petat

 kîwî

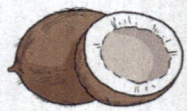 gûza hindê-nargîl

 garis-lazût

 mango

 tûerd

 gêzer

 gêlas-qeresî

 hejîr

 sêv

 qeysî

 tivir-tirp

 kelemî-lehane

 polke-bazêla

 kerewiz

 kaho-xes

 baxdenûs-gêjnok

 silksor-şelim

 bacana reş

 bacana sor-firingî

 pîvaz

 pirteqal

 hinar

 gindore-talik

Rojane sebzeyên taze

Derketin

 tirî

 xox

 ananas

 avokado

 zebeş

 mûz

Peyvên Xwarinê

 mirîşka serjêkirî
 zeyta garsî
 zeyta zeytûnan 
 hingiv
 vexwarin

 masî
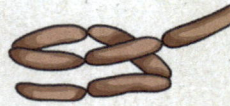 goşt
 pastirme
 nanê frensî
 nanê kurdî
 penêr
 nîvişk

Şêranî û şorayî

 kulor

 pîtza
 biskiwît
 şoklata-çoklata
 nok
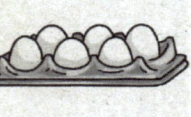 hêk
 şîr

 beharat

 baqil

 ava bacanan

 rîçal

 qutîbend

 av

 şerbet

 xwê

 mijmijok

 kêk

 çay

 qehwe

 nîsk

 birinc

 mast

 çîps

 şekir

 rişte-makeron

 çerez û nuqul

Laş û Serûçav

Hest

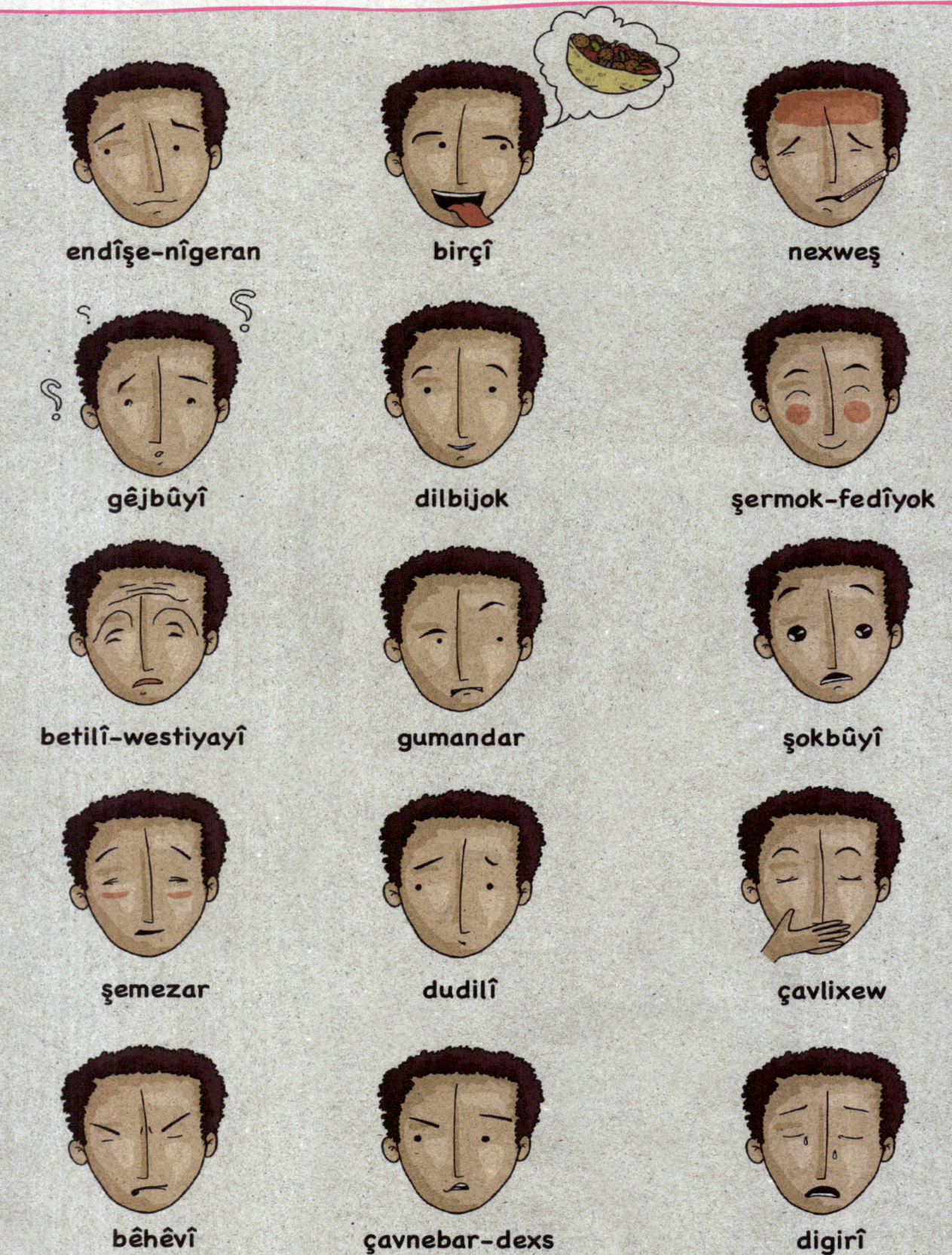

 bitirs-sawgirtî

 xemgîn

 şad-dilşad

 hêrsbûyî-qehrî

 sar-cemidî

 matmayî-şaşmayî

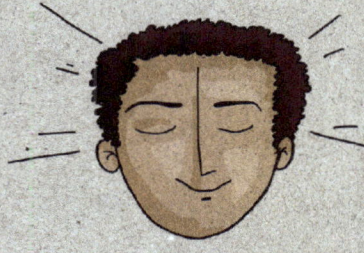 serbilind-şanaz

 bêzar

 tengezar-aciz

 vehesîdar

 xemgirtî

 xwîngerm-sergerm

 dikene

 mereqdar

 girj

Cilûberg

pêlava werzişê

bot-cezme

pêlava kab bilind

papûçik-tirag

qundere-pêlav

sandal-tira

cilên melevanîyê

bilûza hirî

gumlek-şapik

tîşêrt

çakêt

dêre-cepûn

Cilên Jinan

Cilên Wezîşê

stûbend-kravat

rob

manto-qapût

pêceme-cilê raketinê

pantalonê cîns

şort

 şimika sergirtî
 lepik
 kemer-qayîş
 gulav-parfûm
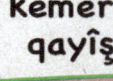 demjimêra destî
berçavik
kum

Cilên Zlaman

 binkiras
 derpîkurt
 fîstan
 bilûz
 eba
 şal-stûpêç

Cilên Zarokan

 taxim
 çenteyê jinan
 guhar
 hingulîsk-gustîlk
 gerdenî
 cizdan-xilîtk
 gore

Mal

 perde
 kenepe
 balgeha kenepeyan
 palgeh
 kaxezên avdestxaneyê

 derî
 dolab-kentor
 berik-xalî
 balkon
 pencere
 destşok 
 macûna diranan
 firçeya diranan
 xawlî-peşgîr
 mêrdewan
 siplêt
 zembele

nivîsgeh — odeya raketin— — gerac — serşok

26

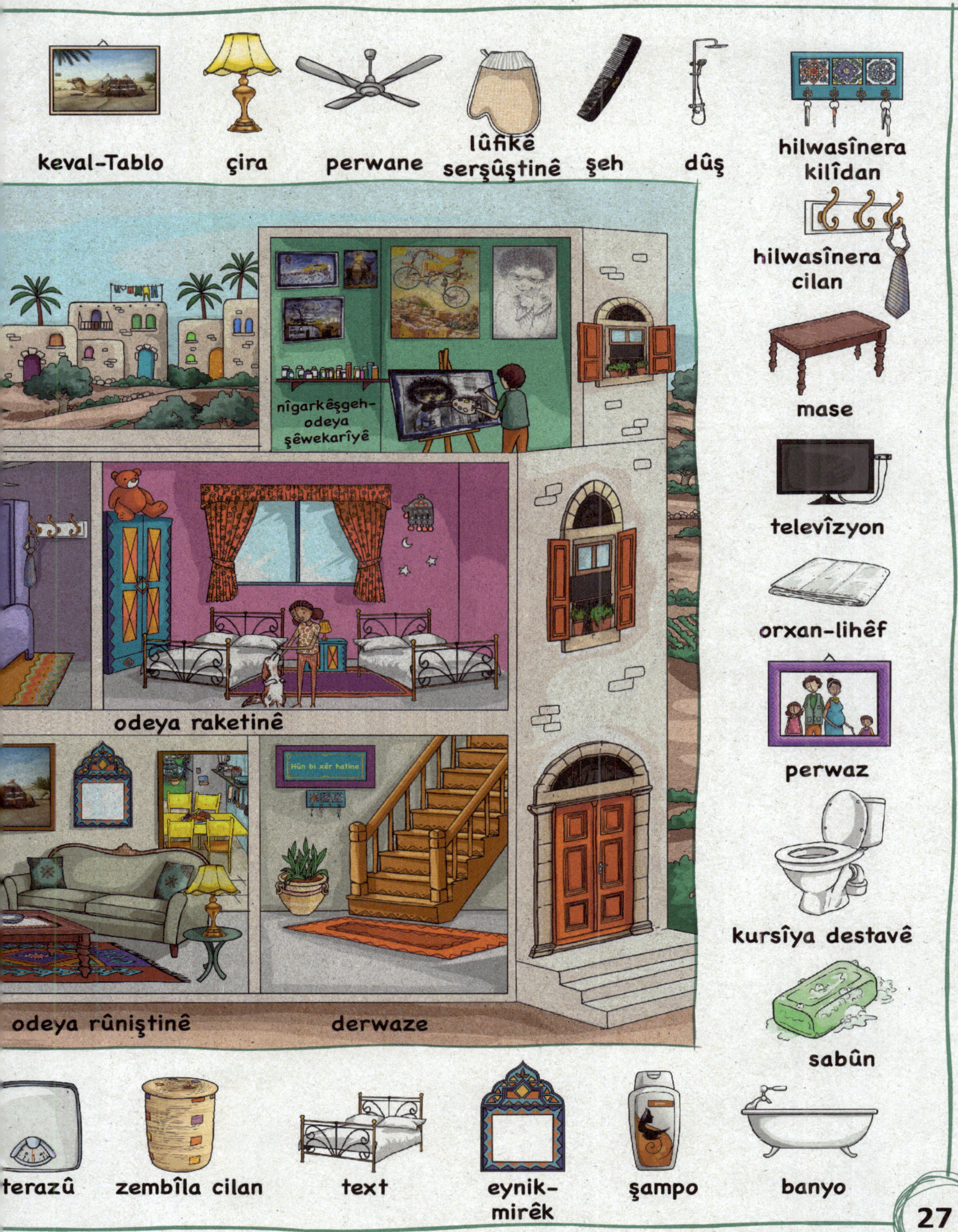

keval-Tablo   çira   perwane   lûfikê serşûştinê   şeh   dûş   hilwasînera kilîdan

 hilwasînera cilan

 mase

 televîzyon

 orxan-lihêf

 perwaz

 kursîya destavê

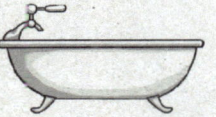 sabûn

nîgarkêşgeh-odeya şêwekariyê

odeya raketinê

odeya rûniştinê   derwaze

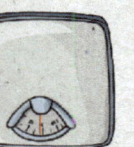    

terazû   zembîla cilan   text   eynik-mirêk   şampo   banyo

27

Pêjxane û Baxçe

 dar

 perjîn-çeper

 borîya avê

dermanê firaxan

 giya

 gola kulîlikan

 avpijînk

 misînê avdanê

 qutîveker

 guldank

 tozmij

 melkes-gezik

 çaydank

 cezû-cezwik

 fincan

 lalîk-sênîk

 lepik

 tas-tirar

 safok-safînk

Arezû

Pîşe

Keşûba û Demsal

pelên daran

pinpinîk-perperîk

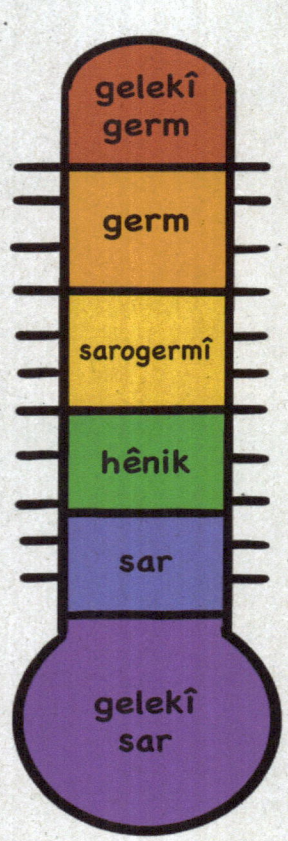

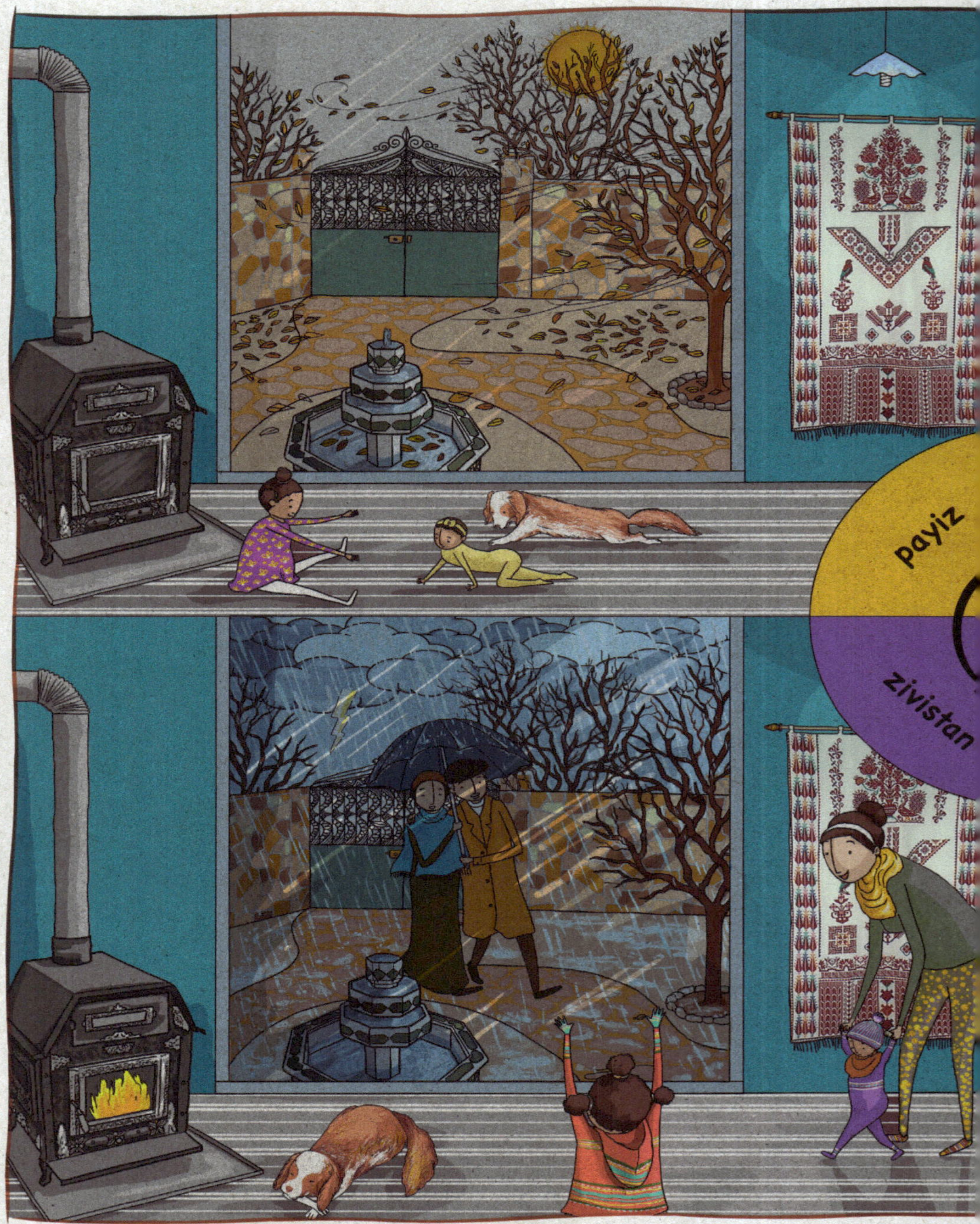

gelekî germ
germ
sarogermî
hênik
sar
gelekî sar

terazûya germjimêrê

payiz
zivistan

kulîlk

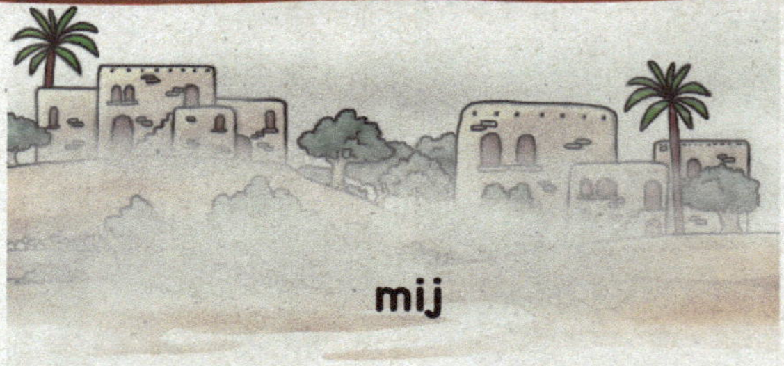

mij

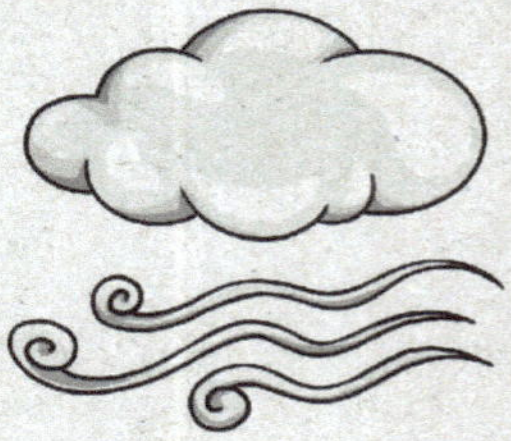

ba

Veguhastin

balon

şahrê

kolan-cade

rêwî

rawestgeha otobûsan

balafir-firoke

helîkopter

tirên

rêya trênê

tirimbêla kirê-taksî

tirimbêl

kemyon

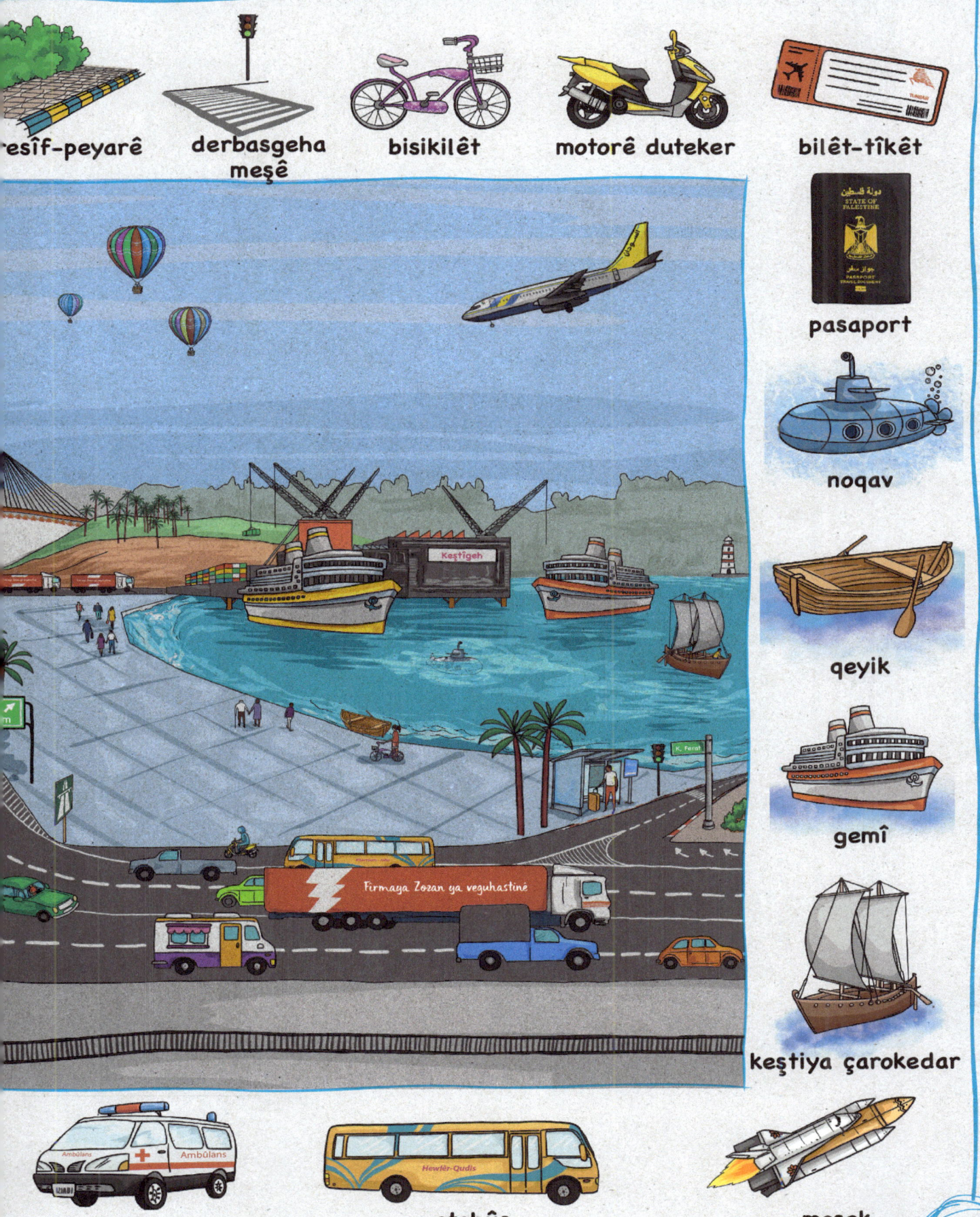

Bajar-Şar

Çewlik

pûş

axur

traktor

helamet

çêlek-mamge

ga

deve-hêştir

hesp

ker

kavir

bizin

pisîk-kitik

mirîşk

 êm
 pinpinîk-perperîk 
kevok
beytik-çûk 
 tawûs

 mûrî-gêrik

 mêşa mingivî

 mêş

 pîrê-tevnpîr

 çêçik

 keroşk-kerguh

 dîk-keleşêr
 werdek
 kûçik-seg
 jûjî
 mişk

41

Ajelên Kovî

semasî

masî

kerkovî-zebra

neheng

hêştirme

fîl

ask-ahû

zirafe-canhêştir

kund

tûtî

eylo-baz

silêmanê dunikî

kenger · beq · şevrevînk-parçemok · cirnîs-timsah · kûsî-req · piling · bebir-bewir · dêleşêr-şêra mê · şêr · hirç · kerkedan · rovî-rûvî · meymûn · gorila · tawûs · mar

Dijwate

Hejmar

0 sifir	1 yek
2 du	3 sê	4 çar
5 pênc	6 şeş	7 heft
8 heşt	9 neh	10 deh

Hejmarên rezîn

yekem   duyem   sêyem   çarem   pêncem   şeşem   heftem   heştem   nehem   dehem

11 yazdeh	12 duwazdeh	13 sêzdeh	14 çardeh	15 panzdeh	16 şazdeh	17 hevdeh	18 hejdeh	19 hozdeh	20 hîst
21 bîst û yek	22 bîst û du	23 bîst û sê	24 bîst û çar	25 bîst û pênc	26 bîst û şeş	27 bîst û heft	28 bîst û heşt	29 bîst û neh	30 sih
31 sih û yek	32 sih û du	33 sih û sê	34 sih û çar	35 sih û pênc	36 sih û şeş	37 sih û heft	38 sih û heşt	39 sih û neh	40 çil
41 çil û yek	42 çil û du	43 çil û sê	44 çil û çar	45 çil û pênc	46 çil û şeş	47 çil û heft	48 çil û heşt	49 çil û neh	50 pêncî
51 pêncî û yek	52 pêncî û du	53 pêncî û sê	54 pêncî û çar	55 pêncî û pênc	56 pêncî û şeş	57 pêncî û heft	58 pêncî û heşt	59 pêncî û neh	60 şêst
61 şêst û yek	62 şêst û du	63 şêst û sê	64 şêst û çar	65 şêst û pênc	66 şêst û şeş	67 şêst û heft	68 şêst û heşt	69 şêst û neh	70 heftê
71 heftê û yek	72 heftê û du	73 heftê û sê	74 heftê û çar	75 heftê û pênc	76 heftê û şeş	77 hefê û heft	78 heftê û heşt	79 heftê û neh	80 heştê
81 heştê û yek	82 heştê û du	83 heştê û sê	84 heştê û çar	85 heştê û pênc	86 heştê û şeş	87 heştê û heft	88 heştê û heşt	89 heştê û neh	90 nod
91 nod û yek	92 nod û du	93 nod û sê	94 nod û çar	95 nod û pênc	96 nod û şeşsix	97 nod û heft	98 nod û heşt	99 nod û neh	100 sed

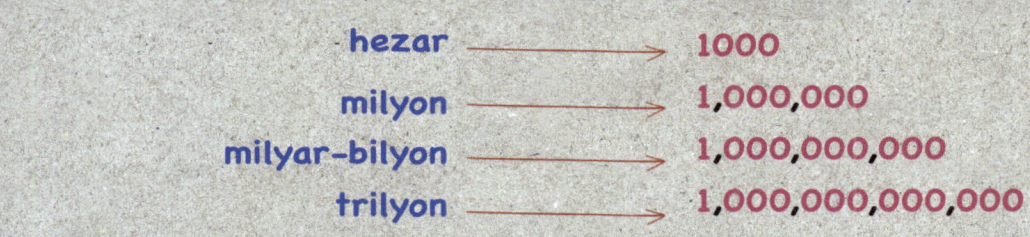

hezar ⟶ 1000
milyon ⟶ 1,000,000
milyar-bilyon ⟶ 1,000,000,000
trilyon ⟶ 1,000,000,000,000

Kat û Dem

★ Danên Rojê

| şev | berbang | spêde-beyanî | nîvro | piştî nîvroyê | êvar | şev |

★ Beşên demjimêrê

roj `24:00:00` — demjimêr `01:00:00` — xulek `00:01:00` — çirke `00:00:01`

Hefte

şemî — yekşem — duşem — sêşem — çarşem — pêncşem — în

Sal — 2019

rêbendan · reşemî · adar · avrêl
gulan · pûşper · tîrmeh · tebax-gilavêj
rezber · cotmeh-kewçêr · mijdar · berfanbar

Meh — tîrmeh 2020 — têbînî

★ **Demjimêr çend e?**

Demjimêr yek e    Demjimêr du ye    Demjimêr sê ye    Demjimêr çar e

Demjimêr pênc e    Demjimêr şeş e    Demjimêr heft e    Demjimêr heşt e

Demjimêr neh e    Demjimêr deh e    Demjimêr yazdeh e    Demjimêr duwazdeh e

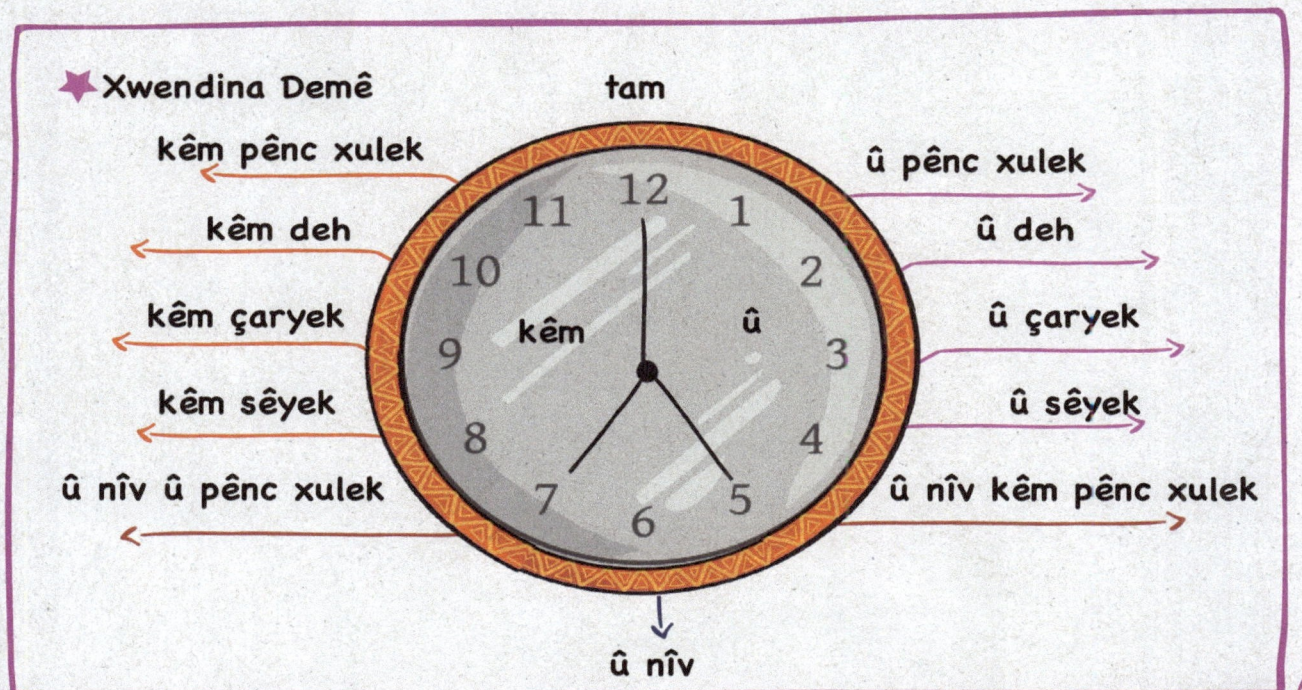

★ **Xwendina Demê**

tam

kêm pênc xulek   û pênc xulek
kêm deh   û deh
kêm çaryek   û çaryek
kêm sêyek   û sêyek
û nîv û pênc xulek   û nîv kêm pênc xulek

û nîv

Reng û Dirûv

xêza Spîral-pêçokeyî

xêza stûnî-xêza tîkî

xêza asoyî

xêza pêldar

xêza çemand kevan

- mişmişî
- bêc-hirîrengî
- zêrîn
- zer
- leymûnî
- zeytûnî
- kesk
- turkiwazî-pîrozeyî
- şîn
- erxewan-Şîrkî

binefşî-Şîrkî | pembeyî | sor | qurmizî-sorê tarî | pirteqalî | qehwerenî-qehweyî | boz-xwelîkî | spî | reş

50

Cejna Newrozê

Alaya Kurdistanê

Agirê Newrozê

Mem û Zîn

Cil û Berg

kiras û xeftan

şal û şapik

şîtik

destmal

Heftsîn:

sîr

sincid

simaq

simbil

sirke

 tembûr

 erbane

 biziq

 21 Newroz

 Kawayê Hesinkar

Newroza te pîroz be

Newroza te jî pîroz be

Sala nû li te pîroz be

Newroz cejna aştîyê ye

Ez jiyaneke xweş ji te re dixwazim

Hemû rojên te Newroz bin

 kutilk

 xurme

 sebze

sêv

 hêkên rengînî

 goşt û savar

القاموس المصوّر

يعتبر تدريس المفردات من خلال سياقٍ وموضوع، من أهمِّ الاستراتيجيات الفعّالةِ لتدريس المفردات الجديدة، لذلك يحتوي القاموس المصوّرُ على أربعةٍ وعشرين ملصقًا، يستهدف كلٌّ منها موضوعًا واحدًا. وكلُّ ملصقٍ محاطٌ بصورٍ صغيرةٍ (٢٥-٣٥ مُفردة) و(٥-١٠ أفعال) واضحةٍ داخل الملصق.

هذا القاموس يحتوي على اللغة الكُردية (كُرمانجي) فقط، بدون أي ترجمة، لذلك تم رسم جميع المفردات التي نريد التعبيرَ عنها، لنساعد المتعلم على الانغماس في اللغة.

مواضيع الملصقات متكاملةٌ تماماً، وتشمل معظمَ جوانب الحياة اليومية؛ كالعائلة، الطعام، الألوان، الأرقام، والمهن والمسائل الأساسية الأخرى.

يمكن استخدام القاموس بسلاسةٍ بَدءًا من السنة الأولى لتعليم اللغة الكُردية - من مرحلةِ ما قبل المدرسةِ - وصولاً إلى المدرسةِ الثانويةِ لمتعلمي اللغةِ الكُردية، علاوةً على ذلك، يمكن استخدامُه بشكل مستقل كموردٍ لا يرتبط بأيِّ منهج مدرسي.

تعكس الرسومُ التوضيحيةُ الملامحَ الأساسيةَ للثقافةِ العربيةِ والكُردية من خلال النقوش والزخارف والبيئة الاجتماعية.

يحتوي هذا القاموس على شخصياتٍ مركزيّة لكي يبني المتعلم علاقة معها. وتعكس تلك الشخصيات علاقة عميقة ومضحكة ومليئة بالحب.

يعكس القاموس رسائل متعددة مثل: حقوق الطفل، ذوي الاحتياجات الخاصة، التنوع العرقي، الرفق بالحيوان، الى جانب ان الشخصيات الرئيسية في القاموس تُظهر صورا غيرَ نمطيّة لأدوار الرجل والمرأة في المجتمع، كلُّ هذا يعكس أسس الثقافة والروح الإنسانية، إنّ تدريس اللغة هو أكثر من مجرد تعلّم للغة، إنه جسرٌ للآخرين.

إلى هذه الأزهار الجميلة على رؤوس الجبال
أقصد ما يظلّ من الأكراد بعد كل أغنية: أطفالهم !
ما يتركه الماء على الصخر: أسمائهم.
ما يجعلنا نحفظ الطريق بعدهم: أصواتهم وهي تتردد في طبقات الريح.
معكم عواطفنا .. قصائدنا
يا حارسين الشمس .. وشقائق النعمان
هنا لكم كل شيء

Bo evan kulîlikên qeşeng ên li serên çiyayan: Piştî her stranekê ji
Kurdan re zarokên wan dimînin.
Tişta ku av li ser keviran dihêle: Navên wan in.
Dihêle ku em piştî wan rêyê nas bikin: Dengên wan ên ku di nava
pêlên bayê de hildibin.
Li vir her tişt ji we re ye.

رمان

القاموس الكُردي المصور

(كُرمانجي)

تأليف: ماجدة الحوراني
رسومات: عبد الله قواريق
ترجمة وتدقيق: محمد كلش
تصميم: عاصم ناصر

الطبعة الأولى 2020